グルテンフリー！低糖質！混ぜるだけ！

そば粉100%の
おいしいパンとレシピ

そばの実カフェ「sora」
小池ともこ

二見書房

はじめに

「そば粉100％でパンが作れるの？」
「はい！　作れます！」
カフェに来てくださるお客様と何度となくかわす会話です。
そのたびに心の中で「よくぞ聞いてくださいました！」と微笑み、お話を始めます。

そば粉パンに必要なものは『水』です。
パン作りに不可欠なグルテンがそば粉にはありません。
そのグルテンの代わりの働きを助けてくれるのが『水』。
水分を加えることで、そば自身のタンパク質を少しずつ溶かし、
酵母から作り出されるガスを受け止め、パンとして焼きあげることができます。
一度作ってしまえば目からうろこ！
あとはパンやお菓子によって水分量を変え、食材の組み合わせを変えれば、
何通りものそば粉のレシピが出来上がります。
無限の可能性がそば粉にはあります。

この本でお伝えしたいこと
・そば粉の使い勝手のよさ、カンタンさ
・卵やバター、動物性食材、小麦粉を使わなくとも美味しく作れること
・そば粉は、そばの実＝種からできていること（自然への感謝）

なにかを始める理由って、とてもシンプルだと思います。
『おそばが美味しかったから』が、私のスタートでした。
この本を手に取ってくださった方々の
シンプルな思いを後押しできたらいいなと思っています。

小池ともこ

CONTENTS

2　はじめに

6　そば粉はカラダにやさしい食材です
8　そば粉パンにはメリットがいっぱい
10　そば粉パンの基本材料を揃えましょう
12　そば粉パン作りに使う道具のこと
13　そば粉、そばの実レシピにおすすめしたい食材

14　Chapter 1　基本のそば粉食パンのレシピ

基本のそば粉食パンの作り方
焼成の違いで見た目も食感も変わります！
基本のそば粉食パンの生地で型を変えてみる

20　そば粉食パンの上になにをのせる？おすすめのオープンサンド
　　・人参ラペのオープンサンド　・厚揚げカレーのオープンサンド
　　・アボカド納豆のオープンサンド　・焼き野菜のオープンサンド
22　フライパンでそば粉パン
24　ナッツの食パン
25　ドライフルーツの食パン
26　基本の生地に粉、食材、ジュースを加えるだけでカラフルな食パンが完成！
　　・ココア入り食パン　・トマト味の食パン　・ほうれん草の食パン
28　そば粉パンでブランチパーティー
　　・パンでピンチョス　・パングラタン　・オレンジ風味のフレンチトースト
　　・そばの実サラダ　・そば茶のハーブティー
32　おかず入り アルミカップで総菜パン
　　・和風きんぴらパン・洋風ポテサラパン
34　ミニパウンド型で作る ポットカレーパン
35　ミニパウンド型で作る ポットシチューパン
36　そば粉パンに添えたい 手作りバター＆クリーム
　　・Sobaバター　・Sobaカスタードクリーム　・Sobaチョコクリーム
38　チョコパン キューブ
39　カスタードクリームパン
40　ココアパンのスコップケーキ
41　チョコフォンデュ

42　Chapter 2　そば粉ドーナツミックス粉のレシピ

そば粉ドーナツ

44　3種のクッキー
　　・プレーンクッキー　・なかよしココアクッキー　・チョコチップクッキー
46　フィナンシェ／抹茶フィナンシェ
47　紅茶味のマドレーヌ

	48	サツマイモンブラン／ラズベリーのカップケーキ
	50	スコーン／クランベリースコーン
	51	レモンケーキ
	52	リンゴのクランブルケーキ
	54	ひとくちどら焼き
	56	かりんとう／黒糖かりんとう
	57	うさぎまんじゅう

58　Chapter 3　そば粉・そばの実レシピ

　　　　そばの実のピザ生地／そばの実のパンピザ
　60　そばの実グラノーラ／スパイスそばの実グラノーラ
　61　グラノーラチョコバー
　62　イチゴのババロア
　63　そば茶アイス
　64　そば茶アイスデザート
　66　そばの実フロランタン
　67　スマイルクッキー
　68　そば粉豆かん
　69　そばがきぜんざい
　70　そばの実づくしの和献立
　　　　・そばの実焼きおにぎり　・そばの実とひじきのサラダ　・そばの実と里芋のみそ汁
　72　トルティーヤサンドセット
　　　　・トルティーヤ　・そばの実入りトマトスープ
　74　そばの実・そば粉のおかずいろいろ
　　　　・そばの実グリーンサラダ　・そば粉の野菜フリット　・春菊の白和え 揚げそばの実入り
　76　そばの実の調理法
　77　そば粉パンのベジ具材レシピ

　78　そば粉パン作りのなぜ？にお答えします

本書の使い方

●オーブンのこと
ガスオーブンを使用しています。電気オーブンを使用される場合は、記載温度より10度〜20度高めに設定してください。お使いの機種によって予熱時間、焼き時間、焼き色のつき方に差が生じる場合があります。

●調理時間のこと
食材、道具、火加減によって変化しますので、様子を見ながらご自身の調理時間を見つけてください。

●材料のこと
記載の人数分、または作りやすい分量で記載しています。

●計量のこと
計量スプーン：大さじ1＝15ml　小さじ1＝5ml
ひとつまみ＝1g　少々＝0.5gを目安にしています。

●保存期間のこと
保存期間は目安です。季節や調理具合、保存場所や冷蔵庫内の温度設定などによって変化します。

●食材のこと
日頃から使っている食材を使用しています。使い慣れている食材、調味料を使用してください。

そば粉パンを作るときの注意：本書は『そば粉100％』で作るレシピ本です。そばアレルギーの方はご注意ください。

そば粉は
カラダにやさしい
食材です

そば粉パンを作るまえに、そば粉にはたくさんの栄養が含まれていることをお伝えします。小麦粉や米粉とは違う、そば粉ならではの栄養価についてお勉強しましょう。

そば粉が栄養豊富な理由とは？

そば、米、小麦の胚芽を比べてみると、一目瞭然。米と小麦の胚芽は表皮に近いところにあります。このため胚芽を含んだ状態で分づきするときに、一番栄養が含まれている胚芽が取り除かれてしまいます。その点、そばは中心部に胚芽が位置するため、全粒で挽くことができます。そば粉は栄養満点な食材なのです。

＼そば粉の栄養／

ルチンはポリフェノールの一種で、活性酸素をとり除き抗酸化作用があります。毛細血管に弾力性を与えて血流をスムーズにし、肩コリや冷え性の改善にもよいといいます。高血圧や脳梗塞の予防、心臓病、動脈硬化症や糖尿病などの予防にも効果があるとのことです。

> ルチンはビタミンCとともにいただくと効果が発揮されます。ざるそばの薬味にレモンやすだちを添えるのは正解！

そば粉のタンパク質は、小麦粉、米にくらべ、体内で作りにくい必須アミノ酸が多く含まれています。体内での利用効率がよく、余分な老廃物となるものが少ないといわれています。

健康維持に必要なビタミン群、特にビタミンB_1とB_2の含有量が多いといわれます。ビタミンB_1は疲労回復を助け、糖質をエネルギーに変換するのに不可欠。気分を穏やかにし、口内炎などにも効果があります。ビタミンB_2は高血圧や動脈硬化の予防、皮膚や粘膜を保護し、抵抗力を強める働きが注目されています。

> お酒のシメにそばやそば湯を！　そば粉に含まれるナイアシン、ビタミンBの一種であるコリンは、肝臓を保護しアルコール分解を助ける働きがあります。

ミネラルは自分の体内で作ることができず、健康維持に欠かせません。カラダの構成成分でもあるミネラルには、高血圧や貧血を防ぐ作用があります。そば粉には、白米や小麦粉にはあまり含まれていないミネラルが豊富です。

そば粉にはヘルセルロースという種類の食物繊維が多く含まれています。たくさんの水分を吸収できるため、便秘やコレステロールの増加を抑制しようと働きかけ、老廃物排出に効果をもたらしてくれるようです。

そば粉パンにはメリットがいっぱい

そば粉の栄養価がすぐれていることは前述の通りですが、そば粉パンの素晴らしい点はまだまだたくさんあります。作り方や美容のメリットをご紹介します。

作り方メリット！

1 作業時間はたったの10分

材料は「そば粉、酵母、油、粗糖、塩、湯」のみ。計量から発酵させるまでの作業時間は約10分、ボウルの中で混ぜ、一次発酵で終了です。あとは型に流して焼くだけ。小麦粉のパンのように、二次発酵や生地をこねる作業もないので、手間いらずのカンタン工程です。

2 失敗知らず、パンが焼ける

市販のそば粉であれば、どれでもほとんど失敗なく焼くことができます。また、ほかのグルテンフリーの食材で作るパンより水分を多く入れても、蓋なしで焼けます。べたつかず、失敗しにくく、ふんわりと焼けるのがそば粉パンの特徴です。
＊パン用のそば粉は小麦とブレンドされているものもあるので要注意。

3 低糖質だから太りにくい！

小麦粉、米粉と比較して、そば粉は低糖質だといわれています。糖質食品を摂取した2時間後の血糖値の上昇度合いを示すGI値によれば、白米と小麦粉よりも、そば粉のGI値のほうが低いとのこと。炭水化物に多く含まれる糖質は、消化されるとグルコースになり、カラダに吸収されます。そば粉はGI値が低いので、そのスピードが遅く、太りにくい食材といえるでしょう。

美容メリット！

4 話題のグルテンフリー食

そば粉にはグルテンが含まれていません。そのため、小麦粉のグルテンを苦手とする方や、美容や健康に気を使っている方にもおすすめです。そば粉パンはグルテンがないからこそカンタンに作れ、グルテンがねばらないので洗い物もササっと終わります。

5 少量でお腹いっぱいに

パン食は米食に比べてすぐに空腹になるといわれます。そば粉の基本食パン1枚（1.7cm厚）は、ざるそば約1/2枚分に相当します。なんと2枚でざるそば1枚分。バランスよくほかの食材と合わせると、1～2枚で大満足な食事となります。

6 そばは栽培方法が安全な食材

そばの栽培は、他家受粉のため農薬を使わずに栽培されます。実をつけるための受粉も、ハチやアリなどの昆虫の媒介によって行われるため、比較的安全な食材といえます。

7 乳製品、卵、白砂糖は不使用

本書で紹介するそば粉パンのレシピには、牛乳、ヨーグルト、チーズなどの乳製品、卵、白砂糖を使っていません。また、パンに合わせる具材やそば粉、そばの実を使った料理には、肉や魚の動物性たんぱく質も使用していません。野菜中心の食生活を楽しむ方にも安心のレシピです。

ほかにもあるメリット！

そば粉パンの基本材料を揃えましょう

そば粉パンはそば粉のほかに、酵母菌、油、砂糖、塩、湯が必要となります。さまざまなメーカーから発売されていますが、本書で使用した食材をご紹介します。いろいろ試して好みの味を見つけましょう。

そば粉

そば粉には、そばの実の黒い殻を付けたまま挽く玄挽きと、殻を取り除いた丸抜きから挽くものがあります。さらに、そば粉をふるう網目の粗さを示すメッシュという単位があり、粗挽き（30メッシュ）、中挽き（40メッシュ）、細挽き（50メッシュ）などの種類にわけられます。単位が大きくなればなるほど、そば粉の粒子は細かくなります。
本書では中挽きのそば粉を使用。スーパーなどで売られているそば粉も中挽きが多いようです。そば粉の種類によって、パンの風味、味、食感が違ってきます。

〜〜〜 そば粉専門のメーカーによってはメッシュ単位のそば粉を取り扱っています。〜〜〜

山口県萩市弥富産そば粉
宍戸農園　400g

殻を取る工程で2〜3割殻付きを残し、低速石臼で挽いた60メッシュのきめ細かなそば粉。農薬・化学肥料不使用。

千葉在来そば粉
そば栽培農家　上野　1Kg

千葉県固有の品種で、栽培面積が少ないことから、まぼろしの品種といわれています。黒い殻を取り除いた丸抜きで製粉した、粘りの強いそば粉。農薬・化学肥料不使用。

国産特有そば粉
OGURA　300g

秋田県・青森県・岩手県産の北東北在来種です。品種は階上早生種といい、黒い殻をむいて挽く細挽きのそば粉。風味豊かです。

ドライイースト／天然酵母

本書では「白神こだま酵母ドライ」（サラ秋田白神）を使用しています。ほかのドライイーストや酵母を使用する場合は、使用量や発酵時間、仕上がりなどに違いが出ますので、調整してください。

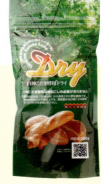

粗糖

砂糖は酵母のえさとなり、発酵を助けたり、焼き色をつけたりしてくれます。本書では精製度が低くミネラルを多く含む、鹿児島県産「喜界島粗糖」を使用しています。
＊自宅にある砂糖で代用可能です。

塩

塩はそば粉の風味をあげ、味に深みを与えてくれます。おすすめは、海の恵みのミネラルが豊富な自然塩。本書では「天日塩コンチェントラートデルマーレ」（アサクラ）を使用しています。
＊自宅にある塩で代用可能です。

油

油を入れることで、ふんわりと仕上がり、パンの乾燥を防ぐ保湿効果も生まれます。また、風味も豊かにしてくれます。本書では「菜種油」を使用しています。
＊オリーブオイル、こめ油、香りなしのごま油で代用可能です。

湯

湯は酵母を起動させるのに必要です。小麦粉と違い、グルテンのないそば粉にとって、適量の加水は欠かせません。酵母が発生したガスを受け止め、ふくらむ要素となります。温度は35度が基本です。

そば粉パン作りに使う道具のこと

わざわざ専用の道具を買わなくても、100円ショップで売っているもので十分です。ほかにも自宅にある型や器などを大いに活用してください。

◀ ボウル
材料を計量する、混ぜる、発酵させる、湯煎にかけるときに使用します。サイズ違いの耐熱ボウルを数種揃えておきましょう。

◀ 泡立て器
計量した粉を混ぜる、生地を混ぜるときに使用します。

▶ パウンド型
食パンタイプに使用。生地を型に流し入れ、焼成します。基本のそば粉食パンに使うパウンド型は、やや小さめの8cm×17.5cm×6cmサイズです。

▲ ラップ
そば粉パン生地を発酵させるとき、生地が乾かないようにラップでおおいます。鍋の蓋やお皿をのせて代用してもよいでしょう。

▲ クッキングシート
そば粉パンやお菓子を焼くときに、型や天板に生地がつかないように敷きます。片面使い、両面使い、洗って使用可能なものなどがあります。

▲ ゴムベラ
生地を混ぜたり、ボウルや器の生地をきれいに取りきることができます。

▲ はかり
パンやお菓子を作るときは、1g単位で2kg以上量れるものがおすすめです。

▲ 温度計
酵母をよりよい環境で発酵させるためには温度が大切。あると便利な道具です。

そば粉、そばの実レシピに
おすすめしたい食材

そば粉やそばの実で作るパン、お菓子、お料理に広がりと美味しさをもたらす、おすすめの食材をご紹介します。

成田産そば米
成田そば栽培農家　上野

千葉県産の「そば米」（そばの実の丸抜き）です。素揚げ、炒る、茹でる、お米と炊くなど、調理法を変えると食感の違いが楽しめます。お菓子のトッピングにもおすすめ。

有機くるみ（生）
輸入者　アリサン

ナッツ類はそば粉パンを美味しくしてくれる材料のひとつです。パンやお菓子、お料理に使うと、食感、風味、コクが増します。

天然美食 小倉あん
遠藤製餡

有機砂糖と有機小豆などで作られたあんこ。パンに入れてあんぱんにしたり、そばがきにかけたりと、そば粉レシピに幅広く使えるアイテムです。

ベーキングパウダー
輸入者　アリサン

焼き菓子に欠かせないベーキングパウダー。ドーナツ、マフィン、スコーンやパンケーキなどに使います。アルミニウム無添加、非遺伝子組み換えコーンスターチを使用。

オーガニックメープルシロップ
輸入者　むそう商事

カナダの大自然で有機栽培されたサトウカエデの樹液のみを使用した、メープルシロップ「アンバー リッチテイスト」。ミネラル分などの栄養価が高く、風味豊かです。

そばの実（むき実）
日穀製粉

長野県・北海道で育った「そばの実」です。スムージーやサラダなどに最適。野菜と一緒にリゾットにしたり、みそ汁に入れても美味しくいただけます。

有機レーズン
輸入者　アリサン

そのまま食べても安心できるおやつといえば、有機ドライフルーツ類。パンやお菓子に使うと味のアクセントになります。華やかな仕上がりも期待できます。

オーガニック カルダモンパウダー
エヌ・ハーベスト

香りの王様とも呼ばれ、カレーの原材料として使われるスパイスです。そば粉の焼き菓子に入れたり、シナモンとともにチャイに入れたり。

エキストラバージン オリーブオイル
輸入者　アサクラ

野性味のあるフルーティーでマイルドなオリーブオイル「オルチョサンニータ」。パンにお菓子にお料理に、使い勝手のよいオイルです。

オーガニック ココナッツオイル
輸入者　アリサン

スリランカ産のオーガニックココナッツオイルです。香りを取り除いているため、オイルとして使え、料理、お菓子、クリーム作りに最適です。

Chapter 1

基本のそば粉食パンのレシピ

そば粉100%のそば粉食パンはずっしりと食べ応えがあり、栄養豊富なところが魅力です。シンプルな材料で作り方もカンタン。一次発酵だけで二次発酵もいりません。こねないで生地ができる工程もうれしい限り。さあ、基本のそば粉食パン作りから始めましょう。

基本のそば粉食パンの作り方

基本材料はこれだけです

【パウンド型 8cm×17.5cm×6cm・1台分】

A ┌ 湯（35度）……20g
  └ 白神こだま酵母……4g
B ┌ 湯（35度）……210g
  └ 菜種油……15g
C ┌ そば粉……200g
  ├ 粗糖……15g
  └ 塩……4g

B-菜種油　B-湯
A-湯
A-白神こだま酵母
C-そば粉、粗糖、塩

まず、型の準備から　クッキングシートを敷いておきます

クッキングシートに型を置き、型の高さから少しはみ出す程度に切る。

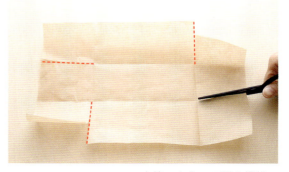

点線のように四隅を縦横に交互にカットする。

型に水をスプレーするとクッキングシートが型に貼りつき、生地が流しこみやすくなる。

生地を作ります　　なんと、混ぜるだけ

1 ボウルにAの湯を入れ、白神こだま酵母をふり入れて、そのまま5分おく。

> 35度の湯で5分。やがて酵母が動き始めてきます。

2 1とBの湯、菜種油を合わせる。

3 別のボウルにCのそば粉、粗糖、塩を泡立て器でよく混ぜる。

> ひたすらぐるぐると混ぜます。目安は50回くらい。

4 3に2を加え、ゴムベラでなめらかになるまで混ぜる。

生地を発酵させます　1.3倍くらいにふくらむまで

5 ラップをし、オーブンの発酵機能を利用して、35度で25分発酵させる。

お持ちのオーブンに発酵機能がなければ、夏は常温で、冬はストーブのそばにおいておきます。

発酵の目安は、1.3倍くらいにふんわりふくらんでいる状態。

生地を型に入れます　とろりとしています

6 発酵した生地をゴムベラで混ぜ、クッキングシートを敷いたパウンド型に流し入れる。

生地を少し高めから、左右動かしながら器に流し入れると均等に入ります。

クッキングシートは冷めてからはがします。

焼成途中で180度回転させるのは、焼き色を均等にするためです。

焼成します　蓋なしでOK！

7 200度に予熱したオーブンで20分→180度回転させて8分焼く。

8 焼きあがったら型からはずし、冷ます。

焼成の違いで見た目も食感も変わります!

- しっかりとした焼き色 / 蓋あとのせ トースター焼き
- やさしい生地の色 / 蓋なし 蒸す
- 少しこんもり / 蓋なし オーブン焼き
- 表面がフラットに / 蓋あり オーブン焼き

　基本のそば粉食パンの作り方は焼成時に蓋をしませんが、「ふくらみを均一にしたい」、「パンのみみを厚くしたくない」、「あまり焼き色をつけたくない」ときは、アルミホイルを蓋がわりにして焼く方法がおすすめ。
　また、一斤型は基本のそば粉パンの型がちょうど入る大きさなので、型を入れて焼いてもいいでしょう。
　ほかにも、蒸した食パンは焼いた食パンと違った色になり、食感も変わります。
　焼き方と焼き時間をご紹介します。

※竹ぐしなどを刺して生地がつかなければOK。

蓋なし オーブン焼き

🕐 焼き時間
200度20分→180度回転させて200度8分

アルミホイル蓋あり オーブン焼き
型をアルミホイルでふんわりとおおう。

🕐 焼き時間
200度25分→蓋をはずして210度10分

一斤型に入れる オーブン焼き
一斤型の中に型を入れて蓋をする。

🕐 焼き時間
200度28分→蓋をはずして210度10分

アルミホイル蓋あとのせ トースター焼き
途中で二重にしたアルミホイルで型をふんわりとおおう。

🕐 焼き時間
13分→蓋をして15分

※トースターに温度設定があれば200度にする。
※アルミホイルが熱線につかないように要注意。
※上部が焼き固まってからアルミホイルをかけ、蒸し焼きにする。

蓋なし 蒸す

🕐 蒸し時間
25分

※蒸し器の蓋の湯気が落ちないように手ぬぐい等で蓋をおおって使用。

基本のそば粉食パンの生地で型を変えてみる

ミニパウンド型
（6cm×11.5cm×5cm・3個分）

1個あたり、基本のそば粉食パンの生地を150g入れます。
焼き時間：200度で15分→180度回転させて、200度で5分

ミニキューブ型
（5cm×5cm×5cm・7個分）

1個あたり、基本のそば粉パンの生地を70g入れます。
焼き時間：200度で16分

そば粉食パンの上になにをのせる？
おすすめのオープンサンド

人参ラペのオープンサンド

洋風マリネをのっける。

材料（2人分）

- 基本のそば粉食パン（スライス）……2枚
- 人参（千切り）……10cm
- 赤玉ねぎ（千切り）……1/4個
- 塩……少々
- レーズン……10g
- A
  - 白ワインビネガー……大さじ1と1/2
  - 粒マスタード……小さじ1
  - オリーブオイル……大さじ1
  - レモン果汁……小さじ1
  - はちみつ……小さじ2
  - 塩……少々
- サニーレタス……1/2枚
- スプラウト……10本

作り方

1. 人参、赤玉ねぎは塩でもみ、しんなりしたら水気を絞ってボウルに入れる。
2. ①にAとレーズンを合わせて混ぜ、冷蔵庫で1時間以上なじませる。
3. スライスしたパンに粒マスタード（分量外）をぬり、サニーレタスを敷いて、②の半量を広げるようにのせ、スプラウトを添える。残りのパンも同様に作る。

厚揚げカレーのオープンサンド

カレー風味でボリューム満点の具。

材料（2人分）

- 基本のそば粉食パン（スライス）……2枚
- 厚揚げ（短冊切り）……1/2個
- トマト（スライス）……2切
- 塩……少々
- こしょう……少々
- オリーブオイル……大さじ1/2
- みりん……小さじ2
- カレー粉……小さじ1/2
- しょうゆ……小さじ1
- パセリ（みじん切り）……少々

作り方

1. フライパンを熱してオリーブオイルを入れ、軽く塩、こしょうをした厚揚げとトマトを色よく焼く。みりん、カレー粉の順にふり入れ、最後にしょうゆで香りづけをする。
2. スライスしたパンにオリーブオイル（分量外）をぬり、①の半量をのせ、パセリを散らす。残りのパンも同様に作る。

オリーブオイルで焼いた野菜、納豆や厚揚げなどの和食材、
そば粉パンに合う具材を探してみましょう。
酢、こしょう、みそ、カレー、味つけもいろいろ。
たっぷりのっけて、もりもりめしあがれ！

> ご飯のお供は
> そば粉パンのお供！?

アボカド納豆のオープンサンド

材料（2人分）
基本のそば粉食パン
（スライス）……2枚
アボカド（角切り）……1/4個
納豆……1/2パック
しょうゆ……小さじ1/2
しょうゆ糀……小さじ2
大葉……2枚

作り方
1. ボウルに納豆を入れる。しょうゆを加えてよく混ぜ、アボカドも加えて合わせる。
2. スライスしたパンにしょうゆ糀（分量外）を薄くぬり、大葉を敷いて①の半量をのせ、しょうゆ糀をかける。残りのパンも同様に作る。

焼き野菜のオープンサンド

> みそなど和ドレとの
> 相性は◎

材料（2人分）
基本のそば粉食パン
（スライス）……2枚
A｜レンコン（半月切り）……2切
　　ナス（輪切り）……2切
　　カボチャ（くし切り）……2切
　　赤・黄パプリカ（細切り）……各2切
　　ズッキーニ（輪切り）……2切

【みそドレ】
みそ……大さじ1
酒……大さじ1と1/2
みりん……大さじ1と1/2
しょうゆ……大さじ1と1/2
粗糖……25g
生姜汁……小さじ1
白いりごま……10g

作り方
1. Aの野菜にオリーブオイル（分量外）と塩（分量外）を軽くまぶし、グリルまたはフライパンで焼く。
2. ［みそドレ］の酒とみりんを鍋に入れる。火にかけてアルコールを飛ばし、残りの材料を入れひと煮立ちさせる。
3. スライスしたパンに［みそドレ］を薄くぬり、①の半量を彩りよく並べ、［みそドレ］をかける。残りのパンも同様に作る。

フライパンでそば粉パン

オーブンがなくてもそば粉パンは作れます。
とろりとした生地の扱いはセルクルを使って解決。
モチモチ度や味わいを食パンタイプと比べてみて。

材料（8cmセルクル型4個分）

基本のそば粉食パン生地（15ページ参照）……全量

作り方

❶ フライパンにクッキングシートを敷く。内側にクッキングシートを巻いたセルクル4個を置き、生地を均等に流し入れる。
❷ フライパンの蓋をしてごく弱火にかけ、25分焼く。
❸ 裏返して15分焼き、型からはずして冷ます。

美味しくなるポイント！

1. クッキングシートはセルクルの高さよりはみ出ないようにカット。霧吹きなどで湿らすと、クッキングシートがずれにくく、生地を入れやすいです。

2. 裏返すタイミングは、生地が盛り上がって、少し液体状のとき。
裏返したら、フライパンの底に生地がつくように少し押します。

3. クッキングシートごとフライパンから取り出します。

ナッツの食パン

くるみ、アーモンド、カシューナッツなど、ナッツ入りは満足感いっぱい。

材料（パウンド型8cm×17.5cm×6cm・1台分）

基本のそば粉食パン生地（15ページ参照）……全量
A｜生くるみ……70g
　｜生アーモンド……25g
　｜生カシューナッツ……25g
熱湯……1カップ
そば粉……適宜

作り方

❶ Aは160度に予熱したオーブンで12〜15分焼き、粗めに刻んでざるにあげる。一度熱湯にくぐらせ、水気を切ってそば粉を軽くまぶす。

❷ そば粉食パン生地に①を加え、ゴムベラでよく合わせて、基本の食パンと同様に焼く。

※ナッツにそば粉をまぶすのは、焼いている途中で沈まないようにするため。
※ローストタイプのナッツは、オーブンで5分焼く。

美味しくなるポイント！

ローストナッツは乾燥しているので、いったん湯にくぐらせ、パン生地の水分を吸わないようにしておきます。

そば粉食パン生地＋ナッツ
＝歯ごたえ、うま味たっぷり

> そば粉食パン生地＋ドライフルーツ
> ＝ほんのり甘いパンに

ドライフルーツの食パン

レーズンやベリーなどドライフルーツを
入れると大人スイーツに。

材料（パウンド型8cm×17.5cm×6cm・1台分）

基本のそば粉食パン生地（15ページ参照）……全量
A｜レーズン（乾燥）……70g
　｜イチジク（乾燥）……25g
　｜クランベリー（乾燥）……25g
熱湯……1カップ
そば粉……適宜

作り方

❶ Aのイチジクは4つ割り、ほかはそのままで熱湯にくぐらせて戻し、水気を切ってそば粉を軽くまぶす。
❷ そば粉食パン生地に①を加え、ゴムベラでよく合わせて、基本の食パンと同様に焼く。

美味しくなるポイント！

ドライフルーツはいったん湯にくぐらせ、パン生地の水分を吸わないようにしておきます。

基本の生地に
粉、食材、ジュースを加えるだけで
カラフルな食パンが完成!

ココア入り食パン
ココアの粉を加えると香ばしい香りのパンに。

材料
（パウンド型8cm×17.5cm×6cm・1台分）

- A | 湯（35度）……20g
    | 白神こだま酵母……4g
- B | 湯（35度）……220g
    | 菜種油……15g
- C | そば粉……200g
    | 粗糖……15g
    | ココアパウダー……20g
    | 塩……4g

作り方

❶ ボウルにAの湯を入れ、白神こだま酵母をふり入れて、そのまま5分おき、Bと合わせる。
❷ Cを泡立て器でよく混ぜる。①をゴムベラで加えて混ぜ、なめらかになるまで50回程度混ぜる。ラップをして35度で25分発酵させる。
❸ ②の生地を再度ゴムベラで混ぜ、クッキングシートを敷いたパウンド型に流し入れる。
❹ 200度に予熱したオーブンで20分→180度回転させて200度で8分焼く。
❺ 焼きあがったら型からはずし、冷ます。

トマト味の食パン
トマトジュースでカラフル食パン。オレンジ色がかわいい。

材料
（パウンド型8cm×17.5cm×6cm・1台分）

- A | 湯（35度）……20g
    | 白神こだま酵母……4g
- B | トマトジュース……230g
    | 菜種油……15g
- C | そば粉……200g
    | 粗糖……15g
    | 塩……5g

作り方

❶ ボウルにAの湯を入れ、白神こだま酵母をふり入れて、そのまま5分おき、Bと合わせる。
❷ Cを泡立て器でよく混ぜる。①をゴムベラで加えて混ぜ、なめらかになるまで50回程度混ぜる。ラップをして35度で25分発酵させる。
❸ ②の生地を再度ゴムベラで混ぜ、クッキングシートを敷いたパウンド型に流し入れる。
❹ 200度に予熱したオーブンで20分→180度回転させて200度で8分焼く。
❺ 焼きあがったら型からはずし、冷ます。

ほうれん草の食パン
刻みほうれん草を混ぜた食パン。栄養価もアップ。

材料
（パウンド型8cm×17.5cm×6cm・1台分）

- A | 湯（35度）……20g
    | 白神こだま酵母……4g
- B | 湯（35度）……220g
    | 菜種油……15g
- C | そば粉……200g
    | 粗糖……15g
    | 塩……4g
    | ほうれん草（茹で）……120g

作り方

❶ ボウルにAの湯を入れ、白神こだま酵母をふり入れて、そのまま5分おき、Bと合わせる。
❷ Cを泡立て器でよく混ぜる。①をゴムベラで加えて混ぜ、湯がいて細かく刻んだほうれん草も加えて、なめらかになるまで50回程度混ぜる。ラップをして35度で25分発酵させる。
❸ ②の生地を再度ゴムベラで混ぜ、クッキングシートを敷いたパウンド型に流し入れる。
❹ 200度に予熱したオーブンで20分→180度回転させて200度で8分焼く。
❺ 焼きあがったら型からはずし、冷ます。

※茹でほうれん草の水気は、きつく絞る。

そば粉パンで

ブランチパーティー

基本のそば粉食パンやアレンジパンができれば
メニューはこんなに広がります！
見た目もキュートなピンチョス。
シチューにパンを入れて温かなグラタン。
フレンチトーストは少し甘めに作って
デザート風に。
家族や友人とそば粉パンで
パーティーしませんか？

パンでピンチョス

> 彩りよくパンと野菜を重ねるだけ！

材料（2人分）

基本のそば粉食パン（2cm角）……4個
トウモロコシ（茹で）……3cm
カボチャ（蒸し・2cm角）……4切
ミニトマト（1/2カット）……2個
ルッコラ……4枚

作り方

① パンはトーストしておく。
② 下からパン、芯をとり1/4にカットしたトウモロコシ、カボチャ、ミニトマト、ルッコラを重ねてピンに刺す。好みのソースを添える。

パングラタン

> シチューにパンとお野菜をプラス。

材料（2人分）

豆乳シチュー（77ページ参照）
　……適宜
基本のそば粉食パン（2cm角）
　……18個
A｜ブロッコリー（茹で）……6房
　｜カボチャ（蒸し・2cm角）……6切
　｜赤パプリカ（乱切り）……6切
　｜エリンギ（乱切り）……6切
　｜しめじ……15本

B｜豆乳マヨネーズ（77ページ参照）
　｜……大さじ3
　｜パン粉またはガーリックそば粉
　｜……大さじ2
パセリ（みじん切り）……小さじ2

作り方

① グラタン皿にトーストしたパンとAの野菜を入れる。温めたシチューを7分目まで入れ、Bをトッピングして、210度に予熱したオーブンで10〜15分焼く。
② 仕上げにパセリを散らす。

ガーリックそば粉の作り方

作り方

鍋にオリーブオイル90g、ニンニク1片のすりおろしを入れて香りよく炒め、粗いそば粉50gと塩3gを入れてなじませる。

トーストのつけ汁を煮詰めてソースに。

オレンジ風味のフレンチトースト

材料（2人分）

A｜ドライフルーツの食パン（25ページ参照）
　　　（2cm厚）……1枚
　　ナッツの食パン（24ページ参照）
　　　（2cm厚）……1枚
B｜豆乳……100g
　　粗糖……35g
　　ココナッツミルク……25g
　　オレンジジュース（果汁100%）……20g
　　塩……少々
　　オレンジエッセンス……少々
ココナッツオイル（無臭・液体）または
オリーブオイル……大さじ1

作り方

❶ ボウルにBを合わせ、Aのパンを三角形にカットして30分浸す。
❷ フライパンを中火にかけてココナッツオイルをひき、①を両面きつね色に焼いて皿に取り出す。
❸ Bのつけ汁の残りをフライパンに入れ、とろみがつくくらいまで煮詰めて②にかける。

そばの実サラダ

揚げそばの実をサラダにトッピング。

材料（2人分）

水菜（4cm長さ）……1株
サニーレタス（ちぎる）……1枚
大根（千切り）……1cm
紫キャベツ（千切り）……1/4枚
揚げそばの実……適宜

【人参ドレッシング・約250g】
玉ねぎ（すりおろし）……60g
人参（すりおろし）……100g
純米酢……50g
オリーブオイル……40g
塩……小さじ1と1/2

作り方

❶ 野菜は30分水にさらし、ざるにあげて水気を切る。
❷ ①を器に盛り、ボウルで合わせた人参ドレッシングをかけ、揚げそばの実をトッピングする。

※揚げそばの実の調理法は76ページ参照。

そば茶にお好みのハーブをプラス。

そば茶のハーブティー

材料（5〜6杯分）

そば茶……大さじ2強
水……1ℓ
ミント……適宜

作り方

❶ お湯を沸かしてそば茶を入れ、蓋をして弱火で10分煮て抽出し、こして冷やす。飲むときにミントを浮かべる。

> おかず入り

アルミカップで総菜パン

パンの具は、汁けの少ないもので
和風、洋風、お好きにアレンジしてください。

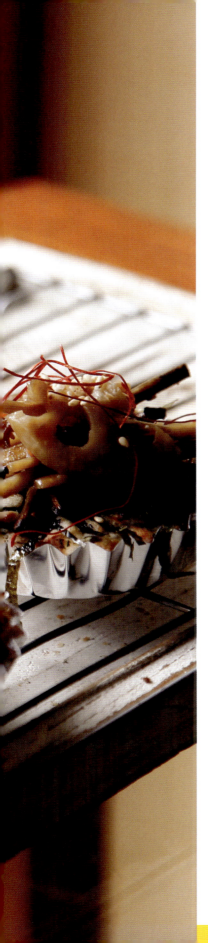

和風きんぴらパン

材料（直径8cmのアルミカップ・5個分）

基本のそば粉食パン生地（15ページ参照）……1/2量
【具材】
きんぴら……125g
刻みのり……適宜
糸唐辛子……適宜
白いりごま……適宜

作り方

❶ 生地を大さじ5残してアルミカップに6分目まで入れ、1/5量のきんぴら、刻みのりひとつまみをトッピングする。残りの4個も同様に作る。
❷ 残しておいた生地を大さじ1ずつ上からかけ、180度に予熱したオーブンで18分焼く。
❸ 焼きあがったら、糸唐辛子と白ごまを飾る。

※きんぴらの作り方は77ページ参照。

洋風ポテサラパン

材料（直径8cmのアルミカップ・5個分）

基本のそば粉食パン生地（15ページ参照）……1/2量
【具材】
ポテトサラダ……150g
アスパラ（茹で・3cm長さ）……15本
豆乳マヨネーズ……小さじ5
パセリ（みじん切り）……適宜

作り方

❶ アルミカップに生地を6分目まで入れ、1/5量のポテトサラダとアスパラをのせ豆乳マヨネーズをかける。残りの4個も同様に作る。
❷ 180度に予熱したオーブンで18分焼く。
❸ 焼きあがったら、パセリを散らす。

※ポテトサラダ・豆乳マヨネーズの作り方は77ページ参照。

> ミニパウンド型で作る

ポットカレーパン

揚げカレーパンではないけれど、
カレー好きに捧げます。

材料（2人分）

基本のそば粉食パン（ミニパウンド型）
（19ページ参照）……2個
【具材】
ベジタブルカレー……適宜
A ブロッコリー（塩茹で）……2房
　赤・黄パプリカ（2cm角・ロースト）……各2切
　カボチャ（5mm厚×2cm・ロースト）……2切
　ナス（7mm輪切り・ロースト）……2切
　ズッキーニ（7mm厚半月切り・ロースト）……2切

作り方

❶ パンの上部2cmを切り落とす。下部はふち7mmを残して中をくりぬき、8分トーストする。

❷ ①に熱々のカレーを7分目まで入れ、Aの野菜をトッピングする。その上からさらにカレーをかける。

※ベジタブルカレーの作り方は77ページ参照。

> ミニパウンド型で作る

ポットシチューパン

そば粉を使った豆乳シチューを
とろりとこぼれるほど入れて。

材料（2人分）

基本のそば粉食パン（ミニパウンド型）
　（19ページ参照）……2個
【具材】
豆乳シチュー……適宜
A｜ブロッコリー（塩茹で）……2房
　｜カボチャ（スライス・ロースト）……2切
　｜エリンギ（乱切り・ロースト）……2切
パセリ（みじん切り）……適宜

作り方

1. パンの上部2cmを切り落とす。下部はふち7mmを残して中をくりぬき、8分トーストする。
2. ①に熱々のシチューを7分目まで入れ、Aの野菜をトッピングする。その上からさらにシチューをかけ、パセリを散らす。

※豆乳シチューの作り方は77ページ参照。

> そば粉パンに添えたい

手作りバター&クリーム

生クリームや牛乳を使わずにできる、
バター、カスタードクリーム、
チョコクリームのレシピを伝授！
もちろんそば粉も入っています。

Soba バター

材料（作りやすい分量・約300g）

生カシューナッツ……100g
ココナッツオイル（無臭・液体）
　……150g
そば粉……10g
リンゴ酢……6g
塩……6g

冷蔵庫で30日間
くらい保存可能。

作り方

❶ 生カシューナッツは3時間以上浸水させ、水気を切っておく。
❷ すべての材料をミキサーにかけてなめらかにする。
❸ ②を鍋に移し、木べらで混ぜながらひと煮立ちさせる。
❹ 鍋底を氷水で冷やしながら混ぜ、クリーム状になってきたら保存容器に移す。

Soba カスタードクリーム

材料（作りやすい分量・約220g）

A｜そば粉……15g
　｜粗糖……20g
　｜塩……少々
　｜豆乳……150g
　｜ココナッツミルク……15g
　｜コーンパウダー……2g
　｜ココナッツオイル
　｜（無臭・液体）……20g
B｜バニラエッセンス……2〜3滴
　｜ブランデー……5g
　｜ラム酒……2〜3滴

作り方

❶ 鍋にAを入れ、泡立て器でよく混ぜる。
❷ 中火にかけ、木べらで混ぜながらひと煮立ちさせる。Bを入れて火を止める。
❸ 鍋底を氷水で冷やして粗熱を取り、保存容器に移す。

※使うときにスプーンなどで混ぜるとなめらかになる。

冷蔵庫で3日間
くらい保存可能。

Soba チョコクリーム

材料（作りやすい分量・220g）

A｜そば粉……15g
　｜粗糖……20g
　｜ココアパウダー……20g
　｜塩……少々
　｜豆乳……120g
　｜ココナッツミルク……15g
　｜ココナッツオイル
　｜（無臭・液体）……20g
B｜バニラエッセンス……2〜3滴
　｜ブランデー……5g
　｜ラム酒……2〜3滴

作り方

❶ 鍋にAを入れ、泡立て器でよく混ぜる。
❷ 中火にかけ、木べらで混ぜながらひと煮立ちさせる。Bを入れて火を止める
❸ 鍋底を氷水で冷やして粗熱を取り、保存容器に移す。

※使うときにスプーンなどで混ぜるとなめらかになる。

冷蔵庫で3日間
くらい保存可能。

熱々のトーストにSobaバター＋あんこ、
Sobaバター＋レーズンをのせてどうぞ。

チョコパン キューブ

キューブ型に
Sobaチョコクリームを入れたら、
市販パンのような仕上がりに。

材料（5cm角キューブ型・4個分）

基本のそば粉食パン生地（15ページ参照）……1/2量
Sobaチョコクリーム（37ページ参照）……60g（15g×4）

作り方

❶ キューブ型にクッキングシートを敷く。
❷ 生地45g→Sobaチョコクリーム15g→生地10gの順に入れる。
❸ 上部にもクッキングシートをのせ、蓋にかませて固定する。
❹ 200度に予熱したオーブンで16分焼き、型からはずして冷ます。

カスタードクリームパン

セルクルタイプに
Sobaカスタードクリームを
たっぷり入れます。

材料（直径8cmセルクル型・4個分）

基本のそば粉食パン生地（15ページ参照）……全量
Sobaカスタードクリーム（37ページ参照）……120g（30g×4）

作り方

❶ フライパンにクッキングシートを敷く。内側にクッキングシートを巻いたセルクル4個を置き、生地を6分目まで入れる。
❷ Sobaカスタードクリームを30gずつ中央に入れ、残りのパン生地を上からかける。フライパンの蓋をしてごく弱火にかけ、25分焼く。
❸ 裏返して15分焼き、型からはずして冷ます。

ココアパンのスコップケーキ

材料（9cm×19.5cm×高さ6.5cmの器・1台分）

ココア入り食パン（5mm厚）
　（27ページ参照）……6～8枚
【ホイップクリーム】
A｜豆乳……750g
　｜レモン果汁……大さじ3
　｜粗糖……75g
　｜ココナッツオイル（無臭・液体）……100g
　｜塩……少々
　｜バニラエッセンス……2～3滴
B｜メープルシロップ……40g
　｜レモン果汁……20g
C｜キウイフルーツ（スライス）……2個
　｜ゴールデンキウイ（スライス）……2個

作り方

❶ 豆乳を鍋に入れて80度まで温め、レモン果汁を加えひと混ぜして15分置く。

❷ クッキングペーパーを重ねざるに①を流し入れ、1時間水気を切る。ボウルに移して泡立て器で混ぜ、残りのA材料を加える。ボウルを氷水で冷やしながら、なめらかなクリーム状にする

❸ ココアパンにBを合わせたシロップをぬり、器に敷き詰める。②のクリーム、Cのフルーツの1/3量をのせる。この工程を繰り返し3段にする。ラップをかけ、1時間くらい冷蔵庫でなじませる。

チョコフォンデュ

チョコクリームでフォンデュできます！
そば粉パン、クッキー、フルーツにつけて。

材料（2人分）

A 好みのそば粉パン
　　（2cm角・トースト）……6個
　パイナップル（スライス）……6枚
　スマイルクッキー（67ページ参照）……4枚

B Sobaチョコクリーム（37ページ参照）
　　……50g
　チョコレート……50g
　ココナッツオイル（無臭・液体）……30g

作り方

❶ Aを皿に盛りつける
❷ Bは湯煎にかけて溶かし混ぜ、器に入れる。
❸ ①に②のチョコフォンデュをつけていただく。

Chapter 2

そば粉ドーナツ
ミックス粉のレシピ

そば粉、アーモンドパウダー、ベーキングパウダーなどでドーナツミックス粉を作っておきましょう。カップケーキやフィナンシェなどの洋菓子はもちろんどら焼きやおまんじゅうなどの和菓子もカンタンにできる、魔法のミックス粉です。

そば粉ドーナツ

揚げたてのそば粉ドーナツの食感は外側がカリッ、中身はもっちりほろっ。きな粉をまぶすとさらに美味。

材料（4個分）

【そば粉ドーナツミックス粉】
A | そば粉……100g
　| アーモンドパウダー……50g
　| 粗糖……50g
　| ベーキングパウダー……8g
　| 塩……2g

B | 豆乳……80g
　| 菜種油……15g

C | きな粉……30g
　| 粗糖……10g
　| 塩……少々

作り方

1

Aをボウルに入れ、泡立て器でよく混ぜる。別ボウルにBを入れてよく混ぜ、加える。

2

ゴムベラで混ぜ、3分ほど置く。

3

生地を4等分して丸める。ポリエチレンの手袋を使用すると作業しやすい。

4

中心に指で穴をあける。

5

クッキングシートにのせる。

6

165度くらいに熱した油できつね色に揚げる。クッキングシートは途中で外す。

7

粗熱をとる。

8

Cをまぶす。

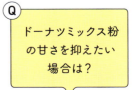

Q ドーナツミックス粉の甘さを抑えたい場合は？

A. 粗糖を20g減らし、そば粉を20g増やします。

手作りクッキーが
いつも我が家にあったら最高！
アイデアいろいろ、たくさん作って
おすそ分けしましょう。

プレーンクッキー

\\ フォークでおめかし。
型抜きがなくてもできます。//

plain cookie

材料（約30枚分）

そば粉ドーナツミックス粉（43ページ参照）
……全量
A｜ココナッツオイル（無臭・液体）……50g
　　水……30g

作り方

❶ ボウルにそば粉ドーナツミックス粉を入れ、泡立て器でよく混ぜる。
❷ 別ボウルにAを入れてよく混ぜ、①に加えてゴムベラでさっくりと混ぜる。
❸ めん棒で生地を1cm厚に均等に伸ばし、5cm×2.5cmにカットする。フォークで縦に2か所穴をあける。
❹ 天板に並べ、160度に予熱したオーブンで12分→140度20分→180度回転させて8分焼く。

※生地を伸ばすときは、ラップを敷いた上で作業するとしやすい。
※厚さを均等に伸ばす場合、生地の左右に割りばしや太さが均一な棒などを置き、その上をめん棒で転がすようにすると均等に伸ばしやすい。

\ オートミール入り、食べ応えのある /
大きめクッキー。

chocolate chip cookie

\ 生地にココアを混ぜた型抜きタイプ。 /
子どもも大喜び！

cocoa cookie

チョコチップクッキー

材料（8枚分）

A | そば粉ドーナツミックス粉（43ページ参照）
　　……全量
　| ココナッツファイン……15g
　| オートミール……50g
　| シナモンパウダー……3g
　| 焼きそばの実……10g
B | 菜種油……75g
　| 水……60g
　| バニラエッセンス……2～3滴
チョコレート……30g

作り方

❶ ボウルにAを入れ、泡立て器でよく混ぜる。
❷ 別ボウルにBを入れてよく混ぜ、①に加えてゴムベラでさっくりと混ぜる。
❸ 生地を8等分し、スプーンで7mm厚の直径8cmにかたどり、チョコレートをトッピングする。160度に予熱したオーブンで12分→140度20分→180度回転させて5分焼く。

※焼きそばの実の作り方は76ページ参照。

なかよし
ココアクッキー

材料（ジンジャーマン6cmクッキー型・15枚分）

A | そば粉ドーナツミックス粉（43ページ参照）……全量
　| ココアパウダー……15g
B | 菜種油……50g
　| 水……30g

作り方

❶ ボウルにAを入れ、泡立て器でよく混ぜる。
❷ 別ボウルにBを入れてよく混ぜ、①に加えてゴムベラでさっくりと混ぜる。
❸ めん棒で生地を5mm厚に均等に伸ばし、クッキー型で抜く。
❹ プレーンクッキーと同様に焼く。

※生地が固い場合は、水を数滴ずつ加えて調整する。

バター抜きでも
こんなに美味しい。
小麦粉のお菓子とは違う
モチっとした食感。

フィナンシェ
抹茶フィナンシェ

フィナンシェ

材料（6本分）

- A　そば粉ドーナツミックス粉
　　（43ページ参照）……165g
- B　豆乳……130g
　　ココナッツオイル（無臭・液体）
　　……20g
　　ブランデー……12g
　　ラム酒……2〜3滴
　　バニラエッセンス……2〜3滴

抹茶フィナンシェ

材料（6本分）

- A　そば粉ドーナツミックス粉
　　（43ページ参照）……165g
- B　抹茶パウダー……5g
　　豆乳……140g
　　ココナッツオイル（無臭・液体）
　　……16g
　　ブランデー……12g
　　バニラエッセンス……2〜3滴

作り方　＊2種共通

1. ボウルにAを入れ、泡立て器でよく混ぜる。
2. 別ボウルにBを入れてよく混ぜ、①に加えてゴムベラでさっくりと混ぜる。
3. 型にココナッツオイル（分量外）をぬり、そばの実（分量外）を散らし、スプーンで生地を入れる。
4. 170度に予熱したオーブンで18分焼く。

紅茶味のマドレーヌ

バターを入れず、豆乳と菜種油で作るマドレーヌは
香ばしくて、軽くて、いくつもいただけます。

材料（マドレーヌ15個型・1台分）

- A｜そば粉ドーナツミックス粉（43ページ参照）……全量
- B｜紅茶（茶葉・すりつぶす）……8g
  - 湯……50g
- C｜豆乳……70g
  - 菜種油……20g
  - ココナッツミルク……50g
  - バニラエッセンス……2〜3滴

作り方

❶ ボウルにAを入れ、泡立て器でよく混ぜる。
❷ 別ボウルにBを入れ2分蒸らす。Cと合わせてよく混ぜ、①に加えて、ゴムベラでさっくり混ぜ合わせる。
❸ 型に菜種油（分量外）をぬり、スプーンで生地を入れる。
❹ 170度に予熱したオーブンで18分焼く。

Q フィナンシェやマドレーヌの型がない場合は？

A. お弁当用のアルミカップに入れて焼いても大丈夫です。

サツマイモモンブラン

カップケーキの上にサツマイモペーストを
ぐるぐる。こころ躍るスイーツ！

カップケーキ

材料（直径7cmマフィン型・4個分）

- A そば粉ドーナツミックス粉（43ページ参照）
  ……全量
- B 豆乳……100g
  菜種油……15g
  メープルシロップ……30g
  バニラエッセンス……2〜3滴

作り方

1. ボウルにAを入れ、泡立て器でよく混ぜる。
2. 別ボウルにBを入れてよく混ぜ、①に加えてゴムベラで粉っぽさがなくなるまでさっくりと混ぜる。
3. マフィン型にグラシンカップを敷き、生地を4等分して入れ、180度に予熱したオーブンで20分焼く。

サツマイモモンブラン

材料（4個分）

- カップケーキ……4個
- サツマイモ……中2本
- A 豆乳……50g
  ココナッツミルク……30g
  粗糖……20g
  ココナッツオイル（無臭・液体）……15g
  塩……少々
- Sobaカスタードクリーム（37ページ参照）
  ……20g

作り方

1. サツマイモは皮をむいて3cm幅に切り、水にさらしてあくを抜き、柔らかく蒸す。
2. ①とAをフードプロセッサーに入れ、なめらかなペースト状にする。
3. カップケーキの上にSobaカスタードクリームをのせ、周りに冷めたサツマイモクリームを絞り袋でトッピングする。

※フードプロセッサーがない場合は、ざるなどで濾しなめらかにする。

ラズベリーのカップケーキ

お好みのドライフルーツをイン。
今日は上品な甘さのラズベリーで。

材料（直径7cmマフィン型・4個分）

- A そば粉ドーナツミックス粉（43ページ参照）
  ……全量
- B 豆乳……100g
  メープルシロップ……20g
  菜種油……15g
  レモン果汁……10g
  バニラエッセンス……2〜3滴
  レモンエッセンス……2〜3滴
- C ラズベリー（冷凍）……100g
  粗糖……20g
  レモン果汁……小さじ1/2
- ラズベリー（冷凍）……16個

作り方

1. ボウルにAを入れ、泡立て器でよく混ぜる。
2. 別ボウルにBを入れてよく混ぜ、①に加えてゴムベラで粉っぽさがなくなるまでさっくりと混ぜる。
3. Cを鍋に入れて火にかけ、ジャムを作る。冷めたら②に加え、マーブル状になるように軽く合わせる。
4. 型にグラシンカップを敷き、生地を4等分して入れる。ラズベリーを4個ずつトッピングし、180度に予熱したオーブンで20分焼く。

ちょっと大きめに作れば
小腹がすいたときにも重宝します。

スコーン　クランベリースコーン

スコーン

材料（6個分）

A | そば粉ドーナツミックス粉（43ページ参照）……全量
B | 豆乳……30g
　| ココナッツオイル（無臭・液体）……30g
　| メープルシロップ……20g
　| レモン果汁……10g
　| バニラエッセンス……2〜3滴
　| レモンの皮（すりおろし）……1/2個

クランベリースコーン

材料（6個分）

A | そば粉ドーナツミックス粉（43ページ参照）……全量
B | 豆乳……30g
　| ココナッツオイル（無臭・液体）……30g
　| メープルシロップ……20g
　| レモン果汁……10g
　| バニラエッセンス……2〜3滴
　| クランベリー……60g

作り方　＊2種共通

❶ ボウルにAを入れ、泡立て器でよく混ぜる。
❷ 別ボウルにBを入れてよく混ぜ、①に加えてゴムベラで粉っぽさがなくなるまでさっくりと混ぜる。
❸ 15cm×7cm目安の長方形にし、ラップで包んで冷凍庫で30分ねかせる。
❹ 生地は伸ばして3等分する。さらに生地を3枚重ねて伸ばす、3cm厚さの長方形に整える作業を3回繰り返して、三角形に6等分する。
❺ 天板に並べ、170度に予熱したオーブンで13分→180度回転させて7分焼く。

美味しくなるポイント！

・生地は冷凍庫で寝かすと形を整えやすくなります。
・厚みを持たせるため、3cm厚さの長方形に整えカットします。

レモンケーキ

シロップ煮のレモンがアクセント！
見た目もかわいいカップケーキ。

材料（直径8cmのアルミカップ・8個分）

- A そば粉ドーナツミックス粉（43ページ参照）……全量
- B 豆乳……100g
  メープルシロップ……20g
  ココナッツオイル（無臭・液体）……20g
  レモン果汁……20g
  バニラエッセンス……2〜3滴
  レモンエッセンス……少々
- 【レモンのシロップ煮】
- C レモン（8枚にスライス）……1個
  粗糖……40g
  水……15g

作り方

1. ボウルにAを入れ、泡立て器でよく混ぜる。
2. 別ボウルにBを入れてよく混ぜ、①に加えてゴムベラで粉っぽさがなくなるまでさっくりと混ぜる。アルミカップ8個に生地を均等に入れる。
3. Cを鍋に入れて火にかけ、蓋をして皮に透明感が出るまで煮る。②にトッピングし、180度に予熱したオーブンで18分焼く。

リンゴのクランブルケーキ

ほんのり甘い生地の上にそば粉のクランブル。
ほろほろっとした生地がたまらない。
リンゴのほかに、バナナやイチゴでも美味しい！

材料（18×18cmの型・1台分）

- A｜そば粉ドーナツミックス粉（43ページ参照）
   ……全量
- B｜豆乳ヨーグルト……100g
   ココナッツミルク……40g
   菜種油……20g
   レモン果汁……20g
   バニラエッセンス……4〜5滴
   リンゴ（すりおろし）……1/2個
- 【リンゴの塩煮】
- C｜リンゴ……2個
   自然塩……2つまみ
- 【クランブル生地】
- D｜そば粉……60g
   アーモンドプードル……60g
   粗糖……40g
   菜種油……25g
   塩……1つまみ
- シナモンパウダー……小さじ1
- ピスタチオ（砕いたもの）……15粒

作り方

1. ボウルにAを入れ、泡立て器でよく混ぜる。
2. 別ボウルにBを入れてよく混ぜ、①に加えてゴムベラで粉っぽさがなくなるまでさっくりと混ぜる。クッキングシートを敷いた型一面に入れ、広げる。
3. Cのリンゴは皮と芯を取り、縦割り16カットにして鍋に並べる。自然塩をふり、蓋をしてごく弱火で透明感が出て汁気がなくなるまで煮る。
4. Dをすべてビニール袋に入れる。空気を入れて口をしっかり閉じ、よくふって、ほろほろの状態にする。
5. ②に③のリンゴをトッピングし、シナモンパウダーと④のクランブル生地をちりばめ、型をアルミホイルで包み蓋をする。
6. 180度に予熱したオーブンで25分焼き、アルミホイルを外して8分焼く。仕上げにピスタチオを散らす。

美味しくなるポイント！

自然塩だけで煮ると、リンゴの甘さが引き出され、季節外れのリンゴでもびっくりするほど美味しくなります。

そば粉ドーナツミックス粉にはちみつを加えて
どら焼きの皮を作りませんか？
ひとくちサイズにして中身を変えて楽しみます。
自分で作れば
理想のどら焼きができますね。

カスタードクリーム味も人気！

custard cream

ひと口でパックリ！

あんことイチゴの
どら焼き

bean jam & Strawberry

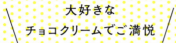

大好きな
チョコクリームでご満悦

chocolate cream

ひとくちどら焼き

材料（約15個分）

A | そば粉ドーナツミックス粉（43ページ参照）
　　……1/2量
B | 豆乳……75g
　| はちみつ……15g
　| 菜種油……10g
　| みりん……5g
あんこ……適宜
イチゴ……適宜
Sobaカスタードクリーム（36ページ参照）……適宜
Sobaチョコクリーム（36ページ参照）……適宜

作り方

❶ ボウルにAを入れ、泡立て器でよく混ぜる。
❷ 別ボウルにBを入れてよく混ぜ、①に加えてゴムベラで粉っぽさがなくなるまでさっくりと混ぜる。
❸ フライパンを熱して薄く油を敷き、②の生地を大さじ1杯ずつならべ蓋をする。ごく弱火で表面がふつふつ穴があいてきたら裏返し、蓋をして1分焼く。
❹ 焼き上がったらバットに取り、乾燥しないようにラップをかけて冷ます。
❺ 皮にあんこと小さくカットしたイチゴ、Sobaカスタードクリーム、Sobaチョコクリームをはさむ。

かりんとう　黒糖かりんとう

かみしめるほどに美味しい！　そば粉のかりんとう。
お持たせにしても喜ばれます。

かりんとう

材料（約260g分）

- A｜そば粉ドーナツミックス粉（43ページ参照）
  　　……全量
  　｜黒いりごま……10g
- 水……50g
- 揚げ油……適宜

作り方

1. ボウルにAを入れ、泡立て器でよく混ぜる。
2. 水を加えて、ゴムベラで粉っぽさがなくなるまでさっくりと混ぜる。
3. ラップに包み、30分冷蔵庫でねかせる。
4. ラップの上で生地を5mm厚さの長方形に広げ、5mm×5cmの棒状にカットし、きつね色に揚げる。バットに広げて冷ます。

黒糖かりんとう

材料（約320g分）

- かりんとう……全量
- A｜黒糖……120g
  　｜水……30g
  　｜塩……2g

作り方

1. Aを鍋に入れてよく溶かし、中火にかける。ひと煮立ちさせ、泡が少し小さくなったら火を止める。
2. かりんとうを①に入れ、からめる。
3. バットに広げて冷ます。

うさぎまんじゅう

そば粉ドーナツミックス粉と水だけで作る蒸しまんじゅうはいかが？
お顔を入れるだけで市販の和菓子のような完成度です。

材料（8個分）

そば粉ドーナツミックス粉（43ページ参照）……全量
熱湯……65g
あんこ……160g（20g×8個）
ラズベリー（冷凍）……2個

作り方

❶ ボウルにそば粉ミックスドーナツ粉を入れて泡立て器でよく混ぜ、熱湯を加えゴムベラでよく混ぜる。
❷ ①を8等分して丸め、手のひらサイズに伸ばして、あんこ20gを包む。楕円形に成型して1個ずつクッキングシートにのせ、12分蒸す。
❸ ラズベリーを潰し、楊枝の頭に果汁をつけて目をつけ、焼いたフォークの柄などで耳を描く。

\ うさぎのお顔は？ /

焼いたフォークの柄を生地に押しつけて両耳を入れます。

Chapter 3
そば粉・そばの実レシピ

そば粉はパンやお菓子だけでなく、もちろん料理にも使える万能食材です。3章では、そば粉を挽く前のそばの実も加えて美味しいレシピをいろいろとご紹介します。

そばの実のピザ生地

栄養いっぱいのそばの実でピザ生地を作りませんか？
フライパンで焼けるし、冷凍も可能です。
食べたいときに即ピザが作れる生活なんて最高！

材料（2枚分）

- A
  - 湯（35度）……20g
  - 白神こだま酵母……4g
- B
  - 湯（35度）……210g
  - そばの実……200g
  - 粗糖……15g
  - オリーブオイル……15g
  - 塩……4g

ピザ生地の作り方

1 ボウルにAの湯を入れ、酵母をふり入れて5分おく。

2 ①とBをミキサーに入れて混ぜ、ボウルにあける。

3 ラップをして35度で25分発酵させる。（発酵の方法は17ページ参照）

4 一度ゴムベラで混ぜてガス抜きをしたら、クッキングシートを敷いたフライパンに半量を流し入れる。

5 蓋をして弱火で20分焼く。クッキングシートの上に裏返し、再びフライパンに戻して15分焼く。

6 残り半分も同様に焼く。

ピザ生地は1か月くらい冷凍保存できます。

そばの実のパンピザ

ピザ生地ができたら野菜をいっぱいのせて焼きましょう。
豆乳マヨネーズがチーズ代わり。ヘルシー路線のピザです。

材料（1枚分）

- そばの実のピザ生地……1枚
- ケチャップ……大さじ3
- 玉ねぎ（スライス）……1/2個
- ピーマン（スライス）……2個
- ミニトマト（1/2カット）……3個
- マッシュルーム（スライス）……3個
- しめじ（ほぐす）……1/2パック
- アスパラ（湯がいたもの）……3本
- バジル……5枚
- 豆乳マヨネーズ（77ページ参照）……大さじ4
- 塩・こしょう……少々

作り方

❶ ピザ生地にケチャップをぬり、野菜をトッピングして、豆乳マヨネーズをのせる。塩、こしょうして、210度に予熱したオーブンで10分焼く。

そばの実グラノーラ
スパイスそばの実グラノーラ

そばの実、ナッツ、オートミール…
グラノーラは毎日食べたい栄養食。

そばの実グラノーラ

材料（作りやすい分量・約350g）

- A そばの実……50g
    生アーモンド・生くるみ
    ・生カシューナッツ・カボチャの種など……70g
- B オートミール……100g
    塩……少々
- C ココナッツミルク……35g
    菜種油……25g
    粗糖……15g
- レーズン……35g

作り方

1. Aを天板に並べ、160度に予熱したオーブンで10分焼く。
2. 別ボウルにCを入れ、泡立て器でよく混ぜる。①とBを加えてゴムベラでしっかりと混ぜ合わせる。
3. クッキングシートを敷いた天板に平らに敷き、予熱したオーブンで160度10分→140度25分→グラノーラをほぐして140度15分焼く。
4. 冷めたらレーズンと合わせ、保存容器に入れる。

※ローストタイプのナッツはオーブンで5分焼く。

スパイスそばの実グラノーラ

材料（約350g）

- A そばの実グラノーラと同様
- B オートミール……100g
    塩……少々
    シナモンパウダー・ジンジャーパウダー……各小さじ1/2
    カルダモンパウダー・ブラックペッパーパウダー……各少々
    塩……3g
- C そばの実グラノーラと同様
    ココナッツファイン……15g
    クランベリー・ドライバナナ……各15g

作り方

1. Aはそばの実グラノーラと同様に焼く。
2. ボウルにCを入れ、泡立て器でよく混ぜる。①とBを加えて、ゴムベラでよく合わせる。
3. そばの実グラノーラと同様に焼き、焼き上がり5分前にココナッツファインを天板に散らして、焼き上げる。
4. 冷めたらクランベリー・ドライバナナを混ぜ、保存容器に入れる。

グラノーラチョコバー

チョコで固めたグラノーラ。
チョコの産地にこだわれば
いろいろな風味のチョコバーが楽しめます。

材料（22cm×29cmのバット・1台分）

そばの実グラノーラ（60ページ参照）……200g
カカオ70％チョコ……150g

作り方

❶ チョコレートを湯煎にかけて溶かし、ボウルにあけたそばの実グラノーラに回しかけ、ゴムベラでまんべんなく混ぜ合わせる。
❷ 温かいうちにクッキングシートを敷いたバットに流し、20cm×20cm、5mm厚を目安に生地を押しつけ平らにならして冷ます。
❸ 好きな大きさにカット、または割る。

※カット時、ナイフを温めると切りやすい。ナッツなどに包丁があたり切れにくい場合は、ザクザクに割って不揃いを楽しむ。

イチゴのババロア

ぷるるん、とろり。
そば粉と寒天で作る絶品ババロア！

材料（直径8cm×高さ6cmの器・3個分）

A
- 豆乳……120g
- ココナッツミルク……80g
- 粗糖……80g
- 水……100g
- そば粉……10g
- 寒天パウダー……2g

B
- イチゴ……120g
- レモン汁……小さじ1/2

C
- イチゴ（カットしたもの）……6個
- メープルシロップ……大さじ1
- レモン果汁……小さじ1

作り方

❶ **A**の水、そば粉、寒天パウダーを鍋に入れて泡立て器で混ぜ、残りの材料を加えてさらに混ぜる。
❷ 中火にかけて木べらで混ぜながらひと煮立ちさせ、ボウルにあける。
❸ 粗熱が取れたら、**B**を別ボウルでつぶして②に加える。ゴムベラでよく混ぜ、器に入れ冷ます。
❹ 食べるときに**C**を合わせてトッピングする。

そば茶アイス

乳製品が入っていないのに
しっとりなめらかな和アイス。

多めに作って冷凍庫に
ストックしておきましょう。

材料（作りやすい分量・約700g）

A | 熱湯……100g
　| 韃靼（ダッタン）そば茶またはそば茶……15g
B | 豆乳……500g
　| 粗糖……80g
　| 菜種油……65g
　| ココナッツオイル（無臭・液体）……30g
　| リンゴ酢……小さじ1/4
　| そば粉……10g
　| 寒天粉……2g
　| 塩……少々
バニラエッセンス……2～3滴

作り方

❶ ボウルにAを入れ、5分ほどおく。
❷ ①とBをミキサーにかけ、なめらかになるまで混ぜる。
❸ 鍋に入れて中火にかけ、木べらで混ぜながらひと煮立ちさせる。火を止めてから、バニラエッセンスを加えよく混ぜる。
❹ 鍋底に氷水をあてながら冷やし、固まったら3等分して保存袋に入れ、薄く平らにしてから冷凍する。
❺ 食べる分をフードプロセッサーにかけてなめらかにし、器に盛りつける。好みで韃靼そば茶を飾る。

※そば茶は使用するときに軽く炒ると香りが増す。
※フードプロセッサーがない場合は、袋のまま少し解凍してボウルにあけ、スプーン等でなめらかにする。

そば茶アイスデザート

そば茶アイスをバージョンアップ！
そばの実を入れたキャラメルを手作りし、ドライフルーツ、
ナッツも添えてここ一番のデザートに仕上げました。

そばの実キャラメル

材料（作りやすい分量）

- A｜粗糖……70g
  水……30g
  塩……2g
- B｜粗糖・ココナッツミルク
  　……各60g
  菜種油……45g
  塩……3g
- C｜そばの実……80g
  スライスアーモンド……80g

作り方

1. 水気をよく拭いた鍋にAの粗糖を入れ中火にかける。粒状から液体に変化し165度まで温度が上がったら火からおろす。Aの水を少しずつ加え、最後にAの塩も入れる。
2. スプーンで混ぜて、再度中火にかけ、ひと煮立ちさせてなじませる。
3. Cを天板に並べ、160度に予熱したオーブンで10分焼く。
4. 鍋にBと②を入れ、中火にかけて木べらで混ぜながら③を入れてなじませる。

> このままスプーンで食べたい衝動にかられるキャラメル。今回はアイスに贅沢にかけます。

美味しくなるポイント！

粗糖を165度まで熱すると煙が出ますが慌てずに、火からおろし、ゆっくり加水します。シロップが跳ねるのでやけどに要注意。

そば茶アイスデザート

材料（1人前）

- そば茶アイス（63ページ参照）
  　……適量
- そばの実グラノーラ
  　……大さじ1
- バナナ……2切
- パイナップル……3切
- ピスタチオ（粗みじん）……3粒
- ドライクランベリー……3粒
- そばの実キャラメル……大さじ1

作り方

1. 皿にアイスを置き、グラノーラ・フルーツ・ピスタチオ・ドライフルーツを散らして、そばの実キャラメルをアイスにかける。

そばの実フロランタン

そばの実キャラメル&そば粉で作る
フロランタン。
ひとくちめから笑みがこぼれる、
文句なしの美味しさです。

材料（22cm×29cmバット・1台分）

A | そば粉……100g
　 | 片栗粉……70g
　 | アーモンドパウダー……100g
　 | 塩……2g

B | 粗糖……70g
　 | 水……25g
　 | 菜種油……50g

C | そばの実キャラメル（65ページ参照）……全量

作り方

❶ ボウルにAを入れ、泡立て器でよく混ぜる。別ボウルでBをよく混ぜてからAに加え、ゴムベラでほろほろ状態にする。

❷ バットにクッキングシートを敷き、①の生地をなるべく平らに敷き詰める。ところどころフォークで穴をあけ、160度に予熱したオーブンで10分→140度20分→180度回転させて140度5分焼く。

❸ ②を取り出し、熱々の状態のCを流し入れ、160度に予熱したオーブンで10分焼く。

❹ 冷めたら適当な大きさにカットする。

※バットに生地を敷くときは、ラップを丸めたもので押し付けると作業しやすい。

カットするときは、ナイフを温めながら作業すると切りやすいです。

スマイルクッキー

そば粉とアーモンドパウダーの
フロランタン生地で作るクッキー。
このクッキーがあれば、
毎日がハッピーに過ごせそう。

材料（直径4.5cmの丸型・約35枚分）

そばの実フロランタン（66ページ参照）の **A・B** と同様

作り方

❶ そばの実フロランタンの生地をめん棒で5mm厚に伸ばし、丸型で抜いて天板に並べる。目をストローで抜き口をスプーンで描く。
❷ 160度に予熱したオーブンで12分→140度20分→180度回転させて140度7分焼く。

※生地を伸ばすときは、ステンレスの作業台だとやりやすい。またはクッキングシートの上で作業する。ラップの上だと型で抜くときに切れやすいので注意。

※厚さを均等に伸ばす場合、生地の左右に割りばしなどを置き、その上をめん棒で転がすとよい。

抜き残りの生地は、
一度ほろほろにくずしてから
伸ばすと固くなりにくいです。

そば粉豆かん

材料はそば粉、粗糖、寒天、水だけ。
あんこやフルーツ、クリームを添えて
自由に楽しくめしあがれ。

材料（7.5cm×12cm×4.5cmの流し缶・2人分）

A | そば粉……30g　　水……240g
　| 粗糖……30g　　【トッピング】
　| 寒天……2g　　 赤えんどう豆(塩茹で)……40g
　　　　　　　　　　黒蜜・きな粉……各大さじ3

そば粉豆かんに抹茶3gを加えると抹茶寒天に。

作り方

❶ 鍋にAと水100gを入れて泡立て器で混ぜ溶かし、残りの水を加えよく合わせる。
❷ ①を中火にかけ、木べらで混ぜながらひと煮立ちさせる。流し缶に流し入れ、底を氷水にあてて粗熱をとる。
❸ 冷蔵庫で約2時間冷やし固める。食べやすい大きさにカットして器に入れる。赤えんどう豆をトッピングし、黒蜜・きな粉を添える。

そばがきぜんざい

そば粉の素朴なおやつといえばそばがき。
熱々のあんこをかけてくださいね。

材料（2人分）

A | そば粉……80g　　あんこ……100g
　| 水……220g

> あんこの固さは、
> ゆっくり流れるくらいに
> 調整しましょう。

作り方

❶ Aを鍋に入れ、泡立て器でだまがなくなるまでよく混ぜる。中火にかけ、鍋底が焦げないように木べらでゆったりと混ぜ、全体に火を入れる。
❷ まだ水分が少し残っているくらいで、いったん火からはずし、木べらでなじむくらい混ぜる。
❸ 再度弱火にかけ、全体を混ぜ合わせたら、火からおろす。2等分して器に盛り、熱々のあんこをかける。

そばの実づくしの和献立

そばの実を入れて炊いたご飯のおむすび。
おかずと汁もそばの実入り。
とことん、そばの実の食卓へようこそ。

そばの実焼きおにぎり

材料（2合分）

米……1と1/2カップ
そばの実……1/2カップ
塩……2つまみ
水……2と1/4カップ
みそ……適宜

作り方

❶ 米とそばの実は流水で洗い、いったん水を切る。炊飯器に入れ、塩と2合の目盛りまでの水を加えて炊く。
❷ 手塩（分量外）を取っておにぎりを作り、トースターで10分焼く。
❸ 片面にみそをぬり5分焼く。

米3に対してそばの実1の割合で炊くのがおすすめ。

そばの実とひじきのサラダ

材料（2〜3人前）

A 玉ねぎ（7mm角）……1/8個
  人参（7mm角）……1と1/2cm
  きゅうり（7mm角）……1と1/2cm
  赤・黄パプリカ（7mm角）
    ……各1/8個
  茹でそばの実……大さじ4
  ひじき（茹で）……大さじ1
B 白ワインビネガー……大さじ2
  糀甘酒……大さじ1と1/2
  粗糖……小さじ1と1/2
  塩……小さじ3/4
  こしょう……少々
  オリーブオイル……大さじ1

作り方

❶ 野菜は塩（分量外）をふって、しんなりさせておく。
❷ ひじきはさっと湯がき細かくカットする。①とそばの実とともに合わせ、Bで味つけする。

※茹でそばの実の調理法は76ページ参照。

定番のおかずに茹でそばの実を入れて。

そばの実と里芋のみそ汁

材料（2人分）

A 里芋（ひと口大乱切り）……3個
  大根・人参（いちょう切り）
    ……各1cm
  油揚げ（5mm幅）……1/3枚
  エノキ（3cm長さ）……1/4パック
  長ネギ（小口切り）……3cm
  水……300cc
  だし昆布……2cm
  干し椎茸……2個
B 茹でそばの実
    ……大さじ2
みそ
    ……大さじ1と1/2
スプラウト……10本

そばの実の粒々した食感が楽しめるみそ汁。

作り方

❶ 長ネギ以外のAの材料を鍋に入れ、蓋をして中火にかけて、里芋が柔らかくなるまで煮る。昆布と椎茸を取り出し、千切りにして鍋に戻す。
❷ 長ネギ、Bを加えてひと煮立ちさせ、みそを溶き入れて火を止める。
❸ 器に入れ、スプラウトをトッピングする。

※鍋の水分は、適宜調整してください。
※茹でそばの実の調理法は76ページ参照。

トルティーヤサンドセット

そば粉を平たく焼いたトルティーヤはカンタンで時間もかかりません。
そばの実入りトマトスープと合わせて、レッツ ランチタイム！

トルティーヤ

塩味でヘルシーな生地だから、なにをはさんでも◯。

材料（作りやすい分量・5枚分）

そば粉……100g
塩……2g
熱湯……65g

残ったトルティーヤ生地は1週間くらい冷凍保存できます。

作り方

1. ボウルにそば粉、塩を入れ、泡立て器でよく混ぜる。熱湯を注ぎ入れてゴムベラで混ぜ合わせ、手でよく揉みこむ。
2. 5等分してひとつずつ丸め、5mm以下に平たく伸ばす。
3. 温めたフライパンで両面を乾かし、魚焼き網にのせて強火でいっきに焼き上げる。
4. バットに移し、乾燥しないようにラップをかけておく。
5. 紫キャベツの千切り、チリビーンズ、スクランブル豆腐など、好みの具材をはさんでいただく。

※使用するフライパン・魚焼き網は熱々に熱しておく。

そばの実入りトマトスープ

茹でそばの実、野菜たっぷりの具だくさんスープ。

材料（4〜5人前）

A
ニンニク……1片
唐辛子（種を取る）……1本
オリーブオイル……大さじ2

B
玉ねぎ……1/2個
人参……3cm
しめじ……1/2パック
赤・黄パプリカ……各1/4個
キャベツ……1/4個
ローリエ……2枚

C
酒・みりん……各大さじ2
塩糀……大さじ3
ダイストマト缶……200g
塩……少々

水……400g
茹でそばの実……大さじ3
パセリ（みじん切り）……適宜
揚げそばの実……適宜

作り方

1. 鍋にAを入れて弱火にかけ、香りよくきつね色に炒める。
2. Bの野菜をはすべて1.5cm角に切る。軽く塩（分量外）をふって蓋をし、かさが2/3くらいになるまで煮る。
3. ①にCのみりんを加え3分ほどしたら、残りのCの材料を加え10分ほど煮込む。
4. 水を加えてさらに10分煮込み、味を調えて最後に茹でそばの実を加えひと煮立ちさせる。
5. 器に盛り、パセリと揚げそばの実をトッピングする。

※茹で・揚げそばの実の調理法は76ページ参照。

そばの実・そば粉の
おかずいろいろ

そばの実を揚げると香ばしく
サラダやおかずのアクセントになります。
そば粉は揚げ物の衣にも使えます。

そばの実グリーンサラダ

葉っぱのサラダに
揚げそばの実をトッピング。

材料（2人分）

A ┃ フリルレタス……2枚
　┃ サニーレタス……1/2枚
　┃ 水菜……1/4株
　┃ ブロッコリー……4房
　┃ スナップエンドウ……2本
　┃ ミニトマト（1/2にカット）
　┃ 　……2個
揚げそばの実……小さじ2

【フレンチドレッシング】
糀甘酒……大さじ6
純米酢……大さじ2
オリーブオイル……大さじ4
塩……小さじ1
白こしょう……少々

作り方

❶ Aの葉物は食べやすい大きさにカットする。ブロッコリー、スナップエンドウは塩茹でしておく。
❷ ［フレンチドレッシング］材料をボウルに入れ、泡立て器で混ぜる。
❸ Aを皿に盛り、②をかけて、揚げそばの実を散らす。

※揚げそばの実の調理法は76ページ参照。

そば粉の野菜フリット

揚げ衣にそば粉を使って、
カレー塩でいただきます。

材料（2人前）

【揚げ衣】
A ┃ カボチャ（7mm厚）……2枚
　┃ 赤・黄パプリカ……各1/4個
　┃ カリフラワー……2房
B ┃ そば粉……30g
　┃ 水……20g
　┃ 豆乳……30g
　┃ 塩……少々
揚げ油……適宜

【カレー塩】
C ┃ カレー粉……小さじ1
　┃ 塩……小さじ1

作り方

❶ Bはボウルに入れて合わせておく。
❷ 赤・黄パプリカは半分に切り、ほかのAとともにそば粉をまぶし、①の衣をくぐらせて170度の油で揚げる。
❸ 合わせた［カレー塩］でいただく。

春菊の白和え 揚げそばの実入り

揚げそばの実をプラスすると、
白和えにコクが増します！

材料（2〜3人前）

春菊……1/2束
人参（細切り）……4cm
松の実……30g
豆腐……1/2丁
塩……少々
しょうゆ……小さじ2
揚げそばの実……大さじ2

作り方

❶ 春菊と、人参はさっと塩茹でし、ざるにあげてしょうゆ（分量外）をふりかけておく。
❷ 松の実は160度のオーブンで12分焼き、すり鉢で細かくする。水切りした豆腐も加えてさらによくすり、塩としょうゆで味を調える。
❸ ①の春菊は水気を絞り3cm長さにカットし、材料すべてを混ぜる。

※茹でた春菊・人参にしょうゆ少々ふりかけて下味を入れておくと水っぽくならない。
※揚げそばの実の調理法は76ページ参照。

そばの実の調理法

栄養豊富なそばの実は、茹でたり、焼いたり、揚げたりしておくとすぐに料理に使えて便利です。
米と混ぜてそばの実入りご飯を習慣にしてもいいですね。
茹でたり、炊いたりした場合は、そばの実の分量は約2倍にふくらみます。

茹でそばの実

❶ そばの実は使用する量を洗ってざるにあげておく。
❷ 鍋にそばの実とその2倍量の水を入れてひと煮立ちさせ、一度ざるにあけて茹で汁を捨てる。これを3回ほど繰り返す。
❸ そばの実とたっぷりの水を鍋に入れ、塩をひとつまみ加えて10分ほど湯がく。
❹ ざるにあげて水気を切る。

ラップで小分けして、冷凍庫で保管。早めに使い切ってください。

炊きそばの実

❶ そばの実はよく洗い、ざるにあげて水を切っておく。
❷ 炊飯器にセットし、米と同じ水分量のメモリで炊き上げる。

ラップで小分けして、冷凍庫で保管。早めに使い切ってください。

焼きそばの実

オーブンの鉄板にそばの実を平らに並べ、160度で12分焼く。

保存瓶で保管し、早めに使い切ってください。

揚げそばの実

揚げ油を170度に熱して、そばの実を入れ、こんがりいい色になったら網ですくいあげて、油を切る。

保存瓶で保管し、早めに使い切ってください。

そば粉パンのベジ具材レシピ

アルミカップで惣菜パンやミニパウンド型に入れる具材レシピをご紹介します。乳製品、卵、肉類を使わないナチュラルテイストのとっておきレシピです。

33ページ・きんぴらの作り方／材料（作りやすい分量）

ゴボウ（細切り）…1/4本
人参（細切り）…4cm
レンコン（いちょう切り）…3cm

A
- ごま油…大さじ1
- 酒…小さじ2
- みりん…小さじ2
- しょうゆ…大さじ1

作り方
1. ごま油を熱して野菜を炒め、蓋をして火を通す。
2. Aの調味料を加えて蓋をし、汁けがなくなるまで煮る。

33ページ・ポテトサラダの作り方／材料（作りやすい分量）

ジャガイモ（角切り）…2個
人参（角切り）…2cm
玉ねぎ（スライス）…1/4個
枝豆（茹で）…20g
コーン（茹で）…20g
塩…少々
こしょう…少々
豆乳マヨネーズ…大さじ4

作り方
1. 玉ねぎは塩でもみ、水にさらしてよく絞る。ジャガイモ、人参は塩茹でにする。
2. ボウルに①と残りの材料を入れて合わせる。

33ページ・豆乳マヨネーズの作り方／材料（作りやすい分量・約250g）

豆乳…100g
菜種油…100g
純米酢…23g

A
- コーンパウダー…9g
- 粒マスタード…8g
- 粗糖…5g
- 塩…4g
- 黒こしょう…少々

卵を入れずに作れます！

作り方
1. ボウルにAを入れ泡立て器でよく混ぜる。豆乳、菜種油、純米酢の1/3くらいの量を交互に入れ、その都度よく混ぜる。

※保存容器に移し、冷蔵庫で保管。早めに使い切る。
※ミキサーかブレンダーを使う場合は、材料を2倍量にする。

34ページ・ベジタブルカレーの作り方／材料（4〜5人分）

A
- オリーブオイル…大さじ3
- ニンニク（みじん切り）…1/2片
- クミンシード…小さじ3
- コリアンダーシード…小さじ2
- カルダモンシード…2個
- ローリエ…2枚

B
- 玉ねぎ（スライス）…1/2個
- 人参（スライス）…6cm
- ピーマン（スライス）…3個
- バナナ（スライス）…1/2本
- リンゴ…1個
- しめじ（ザク切り）…1/2パック
- ローリエ…2枚

C
- 酒…大さじ1と1/2
- みりん…大さじ1と1/2
- ダイストマト缶…200g
- 塩…小さじ2
- しょうゆ…大さじ1と1/2
- カレー粉…大さじ1と1/2
- 水…300g
- 野菜ブイヨン（顆粒）…3g

D
- そば粉…10g
- 水…30g

作り方
1. 鍋にAを入れ、弱火で香りよく炒める。Bの野菜をすべて加え2/3ほどのカサになったら、Cの酒、みりんを入れ10分煮込む。
2. 残りのCをすべて入れ、さらに20分ほど煮込む。ミキサーでなめらかにし、再度鍋に戻して中火にかけ、ボウルで溶いたDを入れてひと煮立ちさせる。

35ページ・豆乳シチューの作り方／材料（3〜4人分）

A
- 菜種油…大さじ1と1/2
- 玉ねぎ（スライス）…1/2個

B
- 人参（乱切り）…3cm
- ジャガイモ（乱切り）…2個
- エリンギ（乱切り）…2本
- ローリエ…2枚
- 野菜ブイヨン（顆粒）…3g
- 水…350g

C
- 豆乳…200g
- ココナッツミルク…5g
- そば粉…20g
- 塩…3g
- 黒こしょう…少々

作り方
1. 鍋にAを入れて弱火で炒めBを加えて20分煮る。
2. 別鍋にCを入れ、泡立て器でよく溶かす。中火にかけ、木べらで混ぜながらとろみをつけ、①と合わせる。

※①と②を合わせるときは、②に①の水分を入れて緩くしてから、合わせる。液体の濃度が違うとだまになりやすい。
※豆乳使用の場合は、沸騰させてしまうと分離するので要注意。

そば粉パン作りの なぜ？に お答えします

比較的失敗なく作れるそば粉パン。
より理解を深めるために、
生地作りから保存方法までの
Q＆Aをご用意しました。

Q なぜグルテンがないのに そば粉パンができる？

A. そば粉に水分をたくさん与えているからです。

通常グルテンのある小麦のパンはグルテンを形成させて、グルテンの網目で酵母のガスを受け止めふくらみます。グルテンのないそば粉パンは、水をたくさん与えると、タンパク質が溶け出して粉と粉をつなぎ、酵母のガスを受け止めてふくらみ、パンが焼けます。ただし、水をたくさん加えているので生地がとろりとしており、形を維持するのが難しいため、型に流して焼きます。

Q 酵母を起動させるときに 混ぜてはだめ？

A. 酵母は混ぜても大丈夫ですが…

混ぜるとだま玉となった酵母がボウルにつきやすくなります。酵母をふり入れたら放っておくほうが無難です。

Q 生地に入れる水分量や 湯の温度は、通年同じ？

A. 基本、季節によって変えなくて大丈夫です。

極端にそば粉が乾燥していたり、室内が寒い場合は気持ち水分を増やしたり、湯の温度を38度くらいにしてもよいでしょう。

Q 生地を混ぜるときの 加減がわかりません

A. だいたい50回ぐらい混ぜましょう。

そば粉のだまがなくなるまで混ぜれば、パンは焼けます。混ぜれば混ぜただけ、水や酵母が均一に混ざり合うので、焼き上がりがきれいになります。

Q 砂糖を入れなくても発酵しますか？

A. そば粉がもっている糖分を使って発酵します。

ただし、通常より発酵時間を長くする必要があります。また、糖分が少ないと焼き色がつきにくいという難点もあります。

Q 発酵器がなくても常温で発酵できますか？

A. 常温の発酵も可能です。

暖かな5月〜9月中旬くらいまでは、常温に置くと50分ほどで1.3倍くらいにふっくらしてきます。寒い季節は時間がかかりますが、同じく1.3倍くらいになるまで待って焼いてください。
前日の夜に生地を冷蔵庫に入れて発酵（8時間）させ、常温（1時間）に戻してから型に流して焼く方法もあります。冷蔵長期発酵といいます。

Q 生焼けの原因はなんでしょう？

A. 温度が弱かったことが原因。

オーブンの温度が低く、中まで火が通らなかった可能性があります。または、発酵が過ぎてしまうと、ふくらみ面積が大きくなるため、通常の焼き時間では足りないこともあります。発酵が過ぎたパンは酸味の強いパンになってしまいます。

Q 余ったそば粉パンの賞味期限と保存方法は？

A. 季節にもよりますが、常温では翌日まで。

冷蔵保存なら3日間を目安に食べきりましょう。冷凍庫で保存する場合は、スライスにカットし、ピタッとラップを巻いて保存袋に入れます。1か月くらい保存可能です。

Q そば粉・そばの実の保存方法は？

A. 冷凍保存がおすすめです。

そば粉、そばの実は使う分量をビニール袋に入れ、さらに冷凍用保存袋に入れて冷凍庫で保存しましょう。出し入れの際にビニール袋の中に水滴が発生すると、劣化の原因になるので気をつけましょう。

そば畑に赴き、吹く風を感じ、自然の循環を知り、
『そば』の需要を広めていくとともに、
長きにわたり寄り添ってくれた『そば』が
後世に続くことを応援しています。

小池ともこ　1964年　東京都東村山市生まれ

マクロビオティックや自然栽培の野菜豊富なレストラン勤務を経験ののち、そば好きが高じて、食材としての「そば粉」に注目。2016年2月に自宅の一室を菓子工房とカフェスペースとして、そばの実カフェ『sora』をスタート。日替わりでのランチの提供、自然食品店やそば店への焼菓子の卸、「そば粉の実験教室」と題し、グルテンを含まないそば粉の良さを伝える料理教室等を行なっている。2018年江戸ソバリエ取得。

Facebook https://ja-jp.facebook.com/sobanomicafe.sora/
Blog https://ameblo.jp/sobanomicafe-sora/
Instagram https://www.instagram.com/sobanomi_sora/

装丁・デザイン　佐久間麻理（3Bears）
撮影　寺岡みゆき
スタイリング　諸橋昌子
調理協力　橋本加名子　林くみこ　金久保仁美
企画・編集　鈴木聖世美（hbon）

○協力
　UTSUWA

○食材提供
　成田そば栽培農家　上野
　http://ueno-soba.info/
　日穀製粉株式会社
　https://www.nikkoku.co.jp
　宍戸農園
　https://www.facebook.com/shishidonouen/
　株式会社 OGURA
　http://oguraseifunsho.jp/
　株式会社サラ秋田白神
　http://www.sala1.jp/

　アリサン有限会社
　http://www.alishan-organics.com
　株式会社遠藤製餡
　http://www.endo-s.co.jp
　株式会社エヌ・ハーベスト
　http://www.nharvestorganic.com
　アサクラ
　http://www.orcio.jp
　株式会社むそう商事
　http://www.muso-intl.co.jp
　有限会社サン・スマイル
　http://www.sunsmile.org/
　y & y honey
　https://yyhoney.exblog.jp/

そば粉100％のおいしいパンとレシピ

著者　小池ともこ
発行　株式会社二見書房
　　　東京都千代田区神田三崎町2-18-11
　　　電話 03（3515）2311［営業］
　　　　　 03（3515）2313［編集］
　　　振替 00170-4-2639
印刷　株式会社堀内印刷所
製本　株式会社村上製本所

落丁・乱丁本はお取り替えいたします。定価はカバーに表示してあります。
©Tomoko Koike,2019, Printed in Japan
ISBN978-4-576-19100-3
https://www.futami.co.jp